AF331611

DISCOURS

PRONONCÉ A NEY-YORK,

A L'OCCASION

DU RÉTABLISSEMENT DE LA MAISON

DE BOURBON,

TRADUIT DE L'ANGLAIS,

PAR M. DES VAULX, CHEVALIER DE L'ORDRE ROYAL ET MILITAIRE DE ST.-LOUIS, ANCIEN LIEUTENANT-COLONEL D'ARTILLERIE, UN DES OTAGES DE S. M. LOUIS XVI.

Lætati sumus pro diebus quibus nos humiliasti, annis quibus vidimus mala. (PSAUME 89.)

A PARIS,

L. G. MICHAUD, IMPRIMEUR DU ROI,

RUE DES BONS-ENFANTS, Nᵒ. 34.

CHEZ PETIT, LIBRAIRE DE S. A. R. Mᵍʳ. LE DUC DE BERRY,

PALAIS-ROYAL, Nᵒ. 257.

SEPTEMBRE 1814.

AVIS

DU TRADUCTEUR.

M. Governeur Morris, ci-devant ministre plénipotentiaire des États-Unis en France, à la requête d'un grand nombre de ses concitoyens, a prononcé le 29 juin 1814, à l'occasion du rétablissement de la maison de Bourbon, le discours dont je présente la traduction au public, en avouant de bonne foi que j'ai copié imparfaitement le tableau le plus riche en couleurs et en expressions. Cet orateur, dont la voix éloquente a été applaudie aussi souvent qu'elle s'est fait entendre dans le sénat Américain, était digne de célébrer la renaissance de la monarchie française. Né républicain, mais homme juste, il avait aimé Louis XVI. Membre de la famille universelle, il sait apprécier un événement heu reux qui intéresse aujourd'hui tout le monde entier ; il félicite l'Amérique du retour de ses amis, la France d'être rendue à son Souverain légitime, et l'Europe d'être délivrée du joug militaire sous lequel elle gémissait.

DISCOURS

*Prononcé à l'occasion de la Restauration
de la Maison* DE BOURBON.

———

C'EN est fait, la longue agonie est finie. Les
BOURBONS sont rétablis. La France se repose dans
les bras de son Souverain légitime.

La France avait mérité des droits éternels à
notre attachement; nous pouvons aujourd'hui le
lui témoigner avec le respect que nous nous de-
vons à nous-mêmes. Rappelons nous cette époque
intéressante, lorsque, dans la confraternité des
armes, nous confondions nos ames dans la joie
des fêtes, et notre sang dans le champ de la gloire.
Nous regardons avec enthousiasme la plaine
d'York; là, les troupes françaises et américaines
coururent à l'envi après les palmes de la victoire;
là, se terminèrent nos combats pour notre indé-
pendance; là, fut scellé le titre qui nous plaça
au rang des nations.

Grâce au Ciel! nous pouvons enfin exprimer
des sentiments de reconnaissance à cette auguste
Maison régnante en France et en Espagne, dont

les armées et les flottes furent employées pour la défense de la liberté de l'Amérique. Nous proclamions alors Louis XVI, *le protecteur des droits de l'humanité*; nous l'aimions; nous avons gémi sur son sort. Nous n'avons point à rougir d'aucun rapport d'amitié avec ses assassins. Nos vœux, nos prières ont accompagné les braves Espagnols dans leur lutte glorieuse; il est honteux que l'Amérique se soit contentée d'offrir des vœux, des prières.

Quel intérêt, quelle instruction dans l'histoire des vingt-cinq dernières années! Au printemps de 1789, les états-généraux de France furent convoqués pour empêcher la banqueroute dont on était menacé. Le dérangement des finances avait été occasionné par l'artifice ordinaire de faire accroire au peuple qu'on peut, sans danger, contracter des dettes, sans imposer des taxes; on eut recours à des emprunts considérables, mais les fonds ne furent point fournis. A l'ouverture de cette auguste assemblée, le ministre des finances déclara qu'il aurait été facile de couvrir le déficit sans réunir les états-généraux, mais que le Roi désirait leur avis pour corriger les abus.

Cet essai dangereux finit, comme des observateurs judicieux l'avaient prévu, par le renversement des anciens établissements. Les états-généraux, sous le nom d'assemblée nationale, usurpèrent un pouvoir illimité, et s'en servirent, en manquant également de raison et de justice. Ils détruisirent les droits de propriété, créèrent un papier-monnaie, fabriquèrent un système impraticable de gouvernement, et relâchèrent leur Roi d'une prison pour le placer sur un trône dont ils avaient miné le fondement, et que leurs successeurs renversèrent en moins d'un an. Le Roi fut précipité de nouveau dans la prison, d'où en moins de six mois il fut conduit à l'échafaud.

Ce vertueux Monarque, notre ami, dans l'heure du danger fut la victime de sa bonté. Il désirait ardemment d'améliorer le sort de ses sujets, pour lesquels il avait la tendresse d'un père. Il ne croyait aucun sacrifice de pouvoir trop grand, s'il parvenait à faire leur bonheur. Il avait été persuadé que sa prérogative, inutile à lui, était oppressive pour eux : dangereuse erreur ! On lui avait dit, et il croyait, que dans leur loyauté il avait une parfaite défense contre les intrigues des démagogues. Fatale illusion ! ce juste et bon Prince fut conduit à l'échafaud, au milieu des vociférations les plus insultantes d'un peuple effréné. La milice qui l'escortait en frémissait d'horreur ; la Victime royale, recueillie en elle-même, était occupée, durant la longue procession, à prier la divinité de pardonner à ses sujets révoltés. Mais le coup qui sépara le corps de sa tête innocente, les a séparés du pardon, jusqu'à ce qu'ils eussent expié leur crime par de longues années de misère.

Oh ! c'était un crime contre la nature et le ciel,
un meurtre le plus atroce et le plus cruel, un for-
fait qui aurait arraché des larmes à des ennemis !
J'étais à Paris ; ce fut un deuil universel ; partout
j'entendais les gémissements, partout je voyais la
douleur et le désespoir ; c'était comme une seconde chute de l'homme : chacun croyait entendre déjà la sentence d'un Dieu vengeur ; tout était
abattu, tout était consterné, excepté ceux qui,
dans les contorsions d'une joie infernale, s'applau-
dissaient de leur succès en forçant l'assemblée
qu'ils tyrannisaient, à se rendre coupable d'un
attentat aussi horrible.

Signalons les manœuvres de cette faction ré-
gicide. La soi-disante convention nationale était
composée de deux partis ; ceux appelés les Girondins, avaient à leur tête les représentants de
Bordeaux, qui désiraient une république fédéra-
liste, et les Jacobins qui, en criant bien haut pour
une république une et indivisible, cachaient un
dessein de rétablir la monarchie. Les deux partis
traitèrent avec le Roi emprisonné. Il se confia aux
Girondins qui paraissaient moins criminels que
les autres, et plus nombreux. Dès ce moment les
Jacobins jurèrent sa perte, pour perdre ensuite
leurs antagonistes. Les hordes qui avaient fait
irruption dans les tuileries pour mettre en pièces
ce phantôme de monarchie, que l'assemblée cons-
tituante avait laissé, furent appelées en avant

pour maîtriser la faction de la Gironde. L'assemblée se voyant entourée par des hommes armés, une majorité fut entraînée par la peur dans une sentence de mort contre l'innocent captif; sentence que les plus clairvoyants regardèrent comme la leur propre.

C'est ce qui arriva. L'inexorable Danton les traînait devant le tribunal révolutionnaire, et répandait leur sang sur l'échafaud, arrosé de celui de leur infortuné Monarque. Ainsi chaque circonstance de crime et d'infamie était combinée dans leurs derniers moments pour acérer leurs remords et pour rendre plus amère l'amertume de la mort.

Sur le même échafaud, condamné par les mêmes juges, périt Danton lui-même, accusé de conspiration pour placer le fils emprisonné de Louis XVI sur le trône de son père, dont il avait été un des bourreaux. Il périt. Insulté par un simulacre de jugement, convaincu sans preuve, condamné sans être entendu, il s'écria d'une voix de tonnerre, en s'adressant à ses juges : « On » me l'avait bien dit, et je crois actuellement que » la punition de l'homme est le fruit de son crime. » Les scélérats! Je leur ai donné le pouvoir de » condamner l'innocence à la mort, et je dois » mourir condamné par eux. La même justice » atteindra ceux qui m'envoyent ici, et vous » aussi ». La voix du barbare fut prophétique.

I...

Ceux qui avaient massacré leur Souverain, et qui s'exterminèrent les uns les autres; ceux qui travaillèrent à détrôner le Roi du ciel, et à établir le culte de la raison humaine; qui plaçaient une prostituée comme représentant la déesse de la raison sur les autels dédiés par la piété à la Sainte-Vierge, finissaient par voir, sentir et avouer à l'agonie, qu'il y a un Dieu.... Mais je m'arrête; mon cœur saigne au ressouvenir de ces horreurs qui désolèrent la France. Ce beau pays sur lequel la bonté du ciel a prodigué ses bénédictions était devenu la proie des monstres. Le récit des crimes commis dans chaque lieu et à chaque heure ferait frémir l'humanité, et blesserait l'oreille de la modestie. Mais ô mon pays! où cacherai-je ma honte s'il est vrai que ces monstres ayent été accueillis dans notre sein?

Je repousse cette accusation. Nations de la terre, ne croyez point cette imputation. Les vertueux enfants de l'Amérique n'ont point été coupables d'ingratitude; jamais ils n'ont banni de leur souvenir le généreux ami de la liberté, le *protecteur des droits de l'humanité*; non, saint Martyr, ton dernier soupir a retenti jusqu'au fond de leurs cœurs. Humblement soumis, ils ont vu les événements dont ils ne pouvaient comprendre le mystère, et attendaient le développement de la sagesse éternelle; ils ont vu la licence, sous le nom de la liberté, planer sur toute la surface de France, persécuter la vertu, condamner l'innocence, dépouiller la pauvreté, et couvrir d'un crêpe funèbre la face de la nature. Ils l'ont vue dévorante au-dedans, conquérante au-dehors, et partout triomphante. L'Europe pâlit. Ses souverains tremblèrent. La nouvelle république française, à peine naissante, prit un essor rapide, comme l'aigle qui s'élève au-delà des nues. Ébloui par le lustre de ses victoires, l'œil du moraliste pouvait à peine remarquer la culpabilité de ces chefs de brigands qui dictaient la loi à l'Europe humiliée. Ivres de succès, égorgeant leurs concitoyens, ravageant leurs voisins, prêchant aux peuples l'insurrection, et faisant précéder l'orage de l'invasion par le poison de la corruption, ils ridiculisèrent tout ce que le temps et l'usage avaient rendu respectable, se jouèrent de la religion, regardèrent le droit public comme une absurdité romanesque, et se mirent au-dessus de toutes les convenances de la vie privée. Ils ont trouvé des admirateurs partout. Il n'est pas étonnant qu'ils aient trouvé des partisans en Amérique. Admirateurs et partisans de la révolution française, elle est finie pour le bonheur du monde. Les Bourbons sont rétablis.

Nous avons vu les tumultes de la démocratie se terminer, comme partout ailleurs, par le despotisme. Ce qui avait été prévu et annoncé est arrivé. L'usurpateur se maintint dans le pouvoir par un concours de circonstances dont il sut adroitement profiter. Préparer des projets gigantesques de conquête dans l'obscurité et la profondeur des intrigues ; faire mouvoir, comme par magie, des masses énormes de forces ; afficher une froide indifférence aux misères de l'humanité et un profond mépris pour les liens moraux ; professer un athéisme digne de son cœur de marbre ; se servir de la religion comme d'un instrument politique ; faire plier chaque chose à ses desseins par une obstination invincible : tels furent les moyens de Napoléon pour se rendre la terreur, la merveille et le fléau des nations. La pesanteur de son joug apprit aux Français à connaître combien ils avaient perdu en rompant les liens de leur fidélité à leur prince légitime. On les amusait, il est vrai, par la pompe des triomphes, le bulletin des victoires, et l'étalage de la force qui faisait gémir les nations. Mais les fruits de leur travail leur étaient enlevés pour gratifier l'extravagance de la folie, et fournir aux dépenses de la guerre. Leurs enfants leur étaient arrachés et conduits, enchaînés, à l'autel d'une impie et insatiable ambition. Leurs parents, courbés sous le poids de l'âge, qui suivaient, d'un pas chancelant, pour dire au dernier de plusieurs fils un tendre et final adieu, en rentrant dans leur chaumière, où leur bonheur se bornait à si peu de chose, la trouvaient toute démeublée

par d'impitoyables percepteurs ; ils cherchaient
en vain autour d'eux les petits objets auxquels
l'usage et le besoin donnaient quelque valeur ;
ils ne retrouvaient que les restes du pain dont ils
avaient fait leur dernier repas, en l'arrosant de
larmes amères ; ils élevaient les yeux au ciel, et
se jetant entre les bras les uns des autres, ils
s'écriaient : O mon enfant ! ô mon enfant ! France,
telles étaient tes souffrances. Tu pouvais les offrir
comme expiatoires au sang innocent de ton souverain. Français, tes infortunés t'ont-ils appris à
connaître l'existence d'un dieu vengeur ? Dans le
langage de la nature et de la vérité, vous avez su
peindre votre profonde misère, en disant au frère
de votre souverain : « Monseigneur, nous vous
» apportons nos cœurs ; le tyran ne nous a laissé
» rien autre chose à vous offrir. »

Au mois de septembre 1812, le fils d'une obs-
cure famille, dans une petite île de la Méditer-
ranée, se trouvait à la tête d'une armée telle, que
l'histoire, dans les périodes reculées, n'en présente pas une semblable sous le commandement
d'aucun homme. Voyez-le dans sa marche triom-
phale : sa tête est couronnée d'un diadème impé-
rial ; son épée est teinte du sang des nations con-
quises ; ses yeux étincelants se promènent sur les
champs qu'il a voués au pillage ; il voit à ses
pieds les rois prosternés ; son esprit médite des
forfaits ; son cœur se délecte, en jouissant d'un

pouvoir inconnu jusqu'alors ; il paraît, il se croit lui-même un dieu. Tandis qu'à une extrémité de l'Europe, ses légions, sans pitié, arrosaient le sol aride de l'Espagne d'un sang loyal ; il s'avançait, à pas de géant, vers l'autre extrémité, voulant porter les limites de sa vaste domination à l'horizon du monde. Déjà, il avait percé la ligne de défense des Russes ; déjà ses aigles affamés dévoraient leur proie. O changement soudain ! Voyez cette statue colossale, dont les bras sont de fer, la poitrine est de bronze, mais dont les pieds sont d'argile. L'heure de sa destruction sonne : elle chancelle, elle tombe, elle est réduite en poussière. Cet homme tout-puissant, ce roi des rois, ce demi-dieu n'est déjà plus. Il fuit, il est poursuivi ; la peur lui donne des ailes. Dépouillé de ses vêtements royaux, il traverse, déguisé, les vastes plaines de la Pologne, n'osant regarder derrière lui. Fatigué, il s'arrête un instant pour respirer, et ne se croit pas en sûreté à Dresde. Une seconde fuite le porte au Rhin. Après un troisième effort, il est dans les murs de Paris.

Ici il règne encore. Ici le sombre despote se consulte avec son divan pour trouver de nouveaux moyens pour perpétuer les calamités de la guerre. Malheureuse France ! tes greniers et tes veines vont se rouvrir ! Tu vas gémir encore sous le poids doublé de l'oppression ! Tes plaintes seront inutiles, tu demanderas vainement la paix, tes cris de désespoir se perdront dans les airs.

Le magnanime Alexandre s'avance à la tête de ses braves Russes. Des cendres de Moscou il arrive aux rives de l'Elbe. A son approche, les sujets de la Prusse insultés, pillés, se lèvent pour venger leur honneur. Les Germains brûlent du même désir de vengeance, mais Buonaparte a prévenu son ennemi ; il est en force sur l'Elbe. Sa vigueur et son activité ont des succès ; il est séduit par les nouveaux sourires de la victoire : ivre d'espérance, il ferme son oreille au conseil de la prudence. Mais, fidèle à ses principes, il appelle la fraude à l'aide de la force ; et acceptant la médiation de l'Autriche, il déploie la science insidieuse d'une perverse politique. Pourquoi ? pour éluder une paix qui, lui concédant un vaste territoire, et ses phalanges captives l'auraient replacé dans une situation à menacer, insulter et opprimer le monde. Mais non : une confiance dans ses talents, dans sa fortune le rend aveugle. Aussi orgueilleux que téméraire, il fit échouer la négociation.

Cependant l'empereur d'Autriche fut contraint par le devoir et l'honneur de se joindre aux alliés. Napoléon vit sans surprise et sans effroi un ennemi de plus dans le père de sa femme. Calculant le peu de bonne foi des coalitions dans lesquelles une diversité d'intérêts tient souvent séparés les cœurs de ceux dont les mains sont unies, oubliant, ou ne sachant pas que sa tyrannie avait formé contre lui une ligue plus forte que la réunion des puissances, la ligue du genre humain, ayant tous le même sentiment, la même ame. Il se flattait toujours que, par la force de ses armes ou l'adresse de sa politique, il pourrait rompre le faisceau de cette nouvelle confédération. A cette fin, la bravoure de ses soldats, la science de ses officiers, la dextérité de ses ministres et les ressources de son génie furent employées et épuisées pendant le dernier été. Les plaines de la Saxe furent dévastées avec une inexorable sévérité. La guerre moissonnait les hommes ; ses compagnes presque inséparables, la peste et la famine, survinrent pour mettre le comble à la misère humaine, et pour préparer à la nation britannique l'occasion d'exercer sa munificence.

Enfin, après plusieurs batailles, les mouvements bien combinés des alliés forcèrent Napoléon d'abandonner Dresde. Dès ce moment, sa position sur l'Elbe n'était pas sûre ; mais son orgueil, peut-être la même confiance dans sa fortune, le fixait là. Ses forces furent rassemblées à Leipsick. Leipsick, dans la guerre de trente ans, avait vu le grand Gustave mourir dans les bras de la victoire. Leipsick fut encore témoin d'une bataille dont l'issue devait décider du sort, non de l'Allemagne seule, mais de chaque état dans le continent de l'Europe. La bataille fut longue, disputée et sanglante. Des deux côtés on déploya les plus rares talents et le courage le plus brillant ; mais la victoire resta aux alliés, et l'armée du tyran écrasée, éparpillée, disparaît dans la fuite.

Quelle scène sublime s'offre à nos regards ! Trois puissants monarques déposent à terre leurs couronnes et leurs épées. Ils tombent à genoux. Ils élèvent les yeux et les mains au ciel. Ils rendent grâces au Dieu des batailles, au Roi des Rois, à l'Être incréé, de qui seul dérivent toute puissance et toute domination. Ils s'écrient d'une voix sensible : « Le Seigneur est avec nous, le » Seigneur est avec nous. Gloire au Seigneur » notre Dieu ! » Comparez ce spectacle avec ce qui s'est passé treize mois auparavant dans les plaines de la Russie.

Le moment de crise est passé ; nous respirons. Les sons harmonieux de la liberté viennent frapper nos oreilles ; une douce suavité est répandue dans les airs. L'humanité relève sa tête de la poussière, sent ses entrailles s'amollir, essuie ses pleurs. Elle vous salue, princes victorieux, héros chrétiens ! elle vous supplie de suivre le sentier dans lequel vous êtes conduits, par la main de Dieu, à une gloire immortelle. Marchez : déjà les armées ennemies ne sont plus séparées que par le Rhin. Ici, la branche d'olivier est encore offerte au farouche Napoléon. Peut-être l'expérience l'a-t-elle rendu sage. Peut-être a-t-il appris à l'école de l'adversité à modérer ses désirs. Peut-être ne se fiant plus à sa fortune, commence-t-il à croire qu'il y a un Dieu qui gouverne le monde. Non : le plan mystérieux de la Providence est encore incomplet ; l'orgueil de Napoléon est encore inflexible. Il compte sur les rigueurs de l'hiver, qui condamnent les armées fatiguées au repos ; il compte sur la haute barrière des Pyrénées ; il compte sur les forteresses le long de ses frontières ; il compte sur la neutralité de la Suisse et le respect de ses ennemis pour le droit des nations. Respectait-il lui-même ce droit des nations, dont la violation était le prélude ordinaire de ses guerres ? Le pillage des neutres était ordinairement sa première ressource fiscale, et cependant il croit que ses ennemis seront arrêtés par des principes dont il les jouait à son gré ; il ne s'est pas trompé. Il compte sur les assurances extorquées aux Suisses qu'il tenait sous le joug : s'il suppose que les descendants de Guillaume-Tell doivent se familiariser avec l'esclavage, il se trompe. Les armées alliées, insensibles au froid et à la fatigue, bravant la rage des éléments et celle de Napoléon, passèrent le Rhin, et traversèrent les cantons suisses, non seulement autorisées par leur permission, mais même appuyées par leur assistance. Masquant les places

fortes par des corps d'observation, elles péné-
trèrent dans l'intérieur de la France par l'est et le
nord, tandis que Wellington se répandait dans
le midi avec les Anglais, les Espagnols et les Por-
tugais. Remarquez : les représentants de la ville
de Bordeaux furent les premiers à proclamer la
république française; Bordeaux est la première
ville à déployer l'étendard royal. Napoléon envi-
ronné, battu, sur le bord du précipice, reste iné-
branlable. Les alliés désirant d'arrêter l'effusion
du sang et de mettre fin aux misères de l'Europe,
lui offrent de nouveau la paix, avec la possession
de la France, sans partage, de la France toute
entière. L'humanité dirige leur politique; mais
lui et eux, quelque puissants qu'ils soient, ne
sont que des instruments dans une main plus puis-
sante. Le cœur de ce moderne Pharaon reste en-
durci; il ne veut pas relâcher ceux qu'il tient en
esclavage. Cet aventurier refuse le trône de
France, à moins qu'on n'y joigne d'autres trônes!
Ses demandes, loin d'être convenables à l'état
où il se trouve, auraient été déraisonnables s'il
eût été victorieux. La vérité, exilée de son
conseil, ne pouvait se faire entendre. Ses violences
obligeaient ceux qui l'approchaient, de caresser
sa vaine gloire par une flatterie mensongère.

Le canon ronfle de nouveau. Les arcades du
Louvre en sont ébranlées. La bataille s'engage.
Les hauteurs de Montmartre sont attaquées.

Elles sont emportées. Les alliés voyent sous leurs pieds les dômes, les fastueux obélisques de Paris, la capitale de cette nation qui avait dicté les conditions d'une paix ignominieuse dans Berlin et Vienne. La capitale de cette nation qui avait embrasé la capitale des czars est au pouvoir de ses ennemis. Leurs troupes sont en pleine marche. La soldatesque exaspérée peut bientôt satisfaire sa brutalité et assouvir sa vengeance. Devant vous, Princes, vous voyez l'école de cette philosophie sauvage qui sappait vos trônes. Dans ces somptueux palais habitent des voluptueux qui, professant la philantropie, n'aiment qu'eux-mêmes. Là, reposent sur le duvet ces rédacteurs des droits de l'homme qui, changés en sybarites, voyent avec indifférence un mendiant périr, et qui signent froidement les ordres pour incendier des cités et ravager des royaumes. Ecoutez la voix de la justice rétributive. Usez du droit de représailles. Vengez-vous, vengez-vous. Non. On aperçoit le pavillon blanc, l'emblème de la paix. Il s'approche. On demande grâce, elle est accordée. Citoyens de l'Amérique, qu'aurait fait Napoléon dans une telle circonstance? Examinez sa conduite pendant treize ans de triomphe. Voyez le entouré de ces coryphées de la philosophie, applaudissant à ses projets de ruine et de dévastation ; son cœur de fer était insensible à la pitié, ses oreilles étaient sourdes à la voix de la religion et de la clémence; et voyez actuellement deux monarques chrétiens accorder pardon et protection, descendre des hauteurs de Montmartre et traverser les rues de Paris. Leur entrée dans cette grande cité fut le triomphe de la paix. Voyez-les suivis d'un demi-million d'hommes, de femmes et d'enfants qui proclament, dans leurs cris d'allégresse, Alexandre leur libérateur. Ils baisent ses pieds, semblables à ces premiers chrétiens qui s'approchaient du sauveur du monde, touchaient dans leur transport le pan de sa robe, et se sentaient sanctifiés. Il entre dans le temple du dieu vivant. Humble imitateur de son divin maître, il proclama le pardon et la paix. Victorieux dans les plaines de Leipsick, il s'était écrié, « Gloire à Dieu! » Victorieux à Paris, il achève l'antienne de la bénédiction, « Gloire à Dieu dans le ciel, paix sur la terre, » miséricorde aux hommes de bonne volonté. » Que la nature entière répète ce cantique de triomphe, « Gloire à Dieu et paix sur la terre. »

Vous, qui êtes les promoteurs et les partisans de la guerre; vous, dont les langues envenimées ne cessent d'invectiver tout ce qui porte une couronne légitime; vous, qui représentez les souverains comme des bêtes fauves, pour la destruction desquels tous moyens sont permis, approchez, voyez. Venez aussi, présomptueux esprits forts, qui regardez avec une pitié dédaigneuse ceux qui croyent dans un dieu sauveur, vous qui pesez, avec une satisfaction cinique, sur les crimes du fanatisme, regardez là. Ces rois sont chrétiens. Et toi, envieuse Démocratie, de toi-même éternel vautour; toi qui voudrais tout niveler, confondant la vertu et la sagesse avec le crime et la folie; toi, qui persécutes les grands et les bons, ta vue dût-elle en être blessée, considère les objets de ta haine. Vois des souverains légitimes environnés de leurs sujets royalistes triompher des légions de l'usurpateur. Vois comme ils sont suivis et presque adorés par la nation qu'ils ont conquise, pardonnée et délivrée. Vois cette nation saisir le premier moment de sa liberté pour adopter une constitution modelée sur celle de l'Angleterre, la terre de nos glorieux ancêtres, la terre que tu abhorres, la terre que tu précipiterais dans la profondeur des mers qui l'environnent, si ta puissance était proportionnée à ta rage. Oui, barbare Démocratie, voilà les objets de ta haine. Que ceux qui veulent connaître l'idole de tes affections aillent la chercher dans l'île d'Elbe.

Il abdique. Il montre de quel sang il sort. Il prend de l'argent pour sa couronne. Voilà cet homme invincible, tout-puissant. Il part sous une escorte pour l'empêcher d'être massacré par ceux qui naguères étaient ses sujets. Il part, et l'assassin du duc d'Enghien devient le pensionnaire de la maison de Bourbon !!!!

Cette royale Maison règne aujourd'hui. Les Bourbons sont rétablis. Réjouissez-vous, France, Espagne et Portugal! vous êtes gouvernés par vos rois legitimes. Europe, réjouissez-vous! les Bourbons sont rétablis. La famille des nations est complète. La paix est descendue du ciel pour consoler la terre. Peuples de l'Europe, vous êtes encore une fois tous frères; embrassez-vous, réjouissez-vous : et toi aussi, mon cher pays, trop longtemps abusé, devenu ton propre assassin, tout saignant de tes plaies, réjouis-toi. Les Bourbons sont rétablis. Tes amis règnent aujourd'hui. La longue agonie est finie.—Les Bourbons sont rétablis.